SEVEN VOICES OF
HOPE

SEVEN VOICES OF
HOPE

Eastertide Prayer Series

Lorcán Kenny

Published 2021 by
Veritas Publications
7–8 Lower Abbey Street
Dublin 1
Ireland
www.veritas.ie

ISBN 978 1 84730 985 3
Copyright © Lorcán Kenny, 2021

10 9 8 7 6 5 4 3 2 1

A catalogue record for this book is available from the British Library.

Designed by Jeannie Swan, Veritas Publications
Eagarthóireacht Ghaeilge: Breandán Ó Raghallaigh KSS KC*HS
Translations by An tAth Brian Ó Fearraigh
Photography by Nigel Ó Gallachóir
Creative input by Bríd Dunne
Printed in the Republic of Ireland by Walsh Colour Print, Kerry

Veritas books are printed on paper made from the wood pulp of
managed forests. For every tree felled, at least one tree is planted,
thereby renewing natural resources.

Contents

This book is dedicated to two young girls in Uganda named Christine and Elizabeth. Two very vulnerable young people, they have been supported by my Gérshâs in Coláiste Phobal Ros Cré and other kind donors. The indomitable Srs Eileen and Mona Maher and the lionesses of Coloma Primary School care for them.

You all have my heart.

All author royalties will go towards Christine and Elizabeth's future care and education.

Preface

As a child, I had a mild speech impediment. My parents wisely ensured I had speech therapy and elocution. Since then, I have been fascinated by the use of language and how words are formed. As a chaplain, colleagues in the Irish department and their use of the Irish language fascinated me. It is amazing how the translation into Irish brings fresh nuances and insights to the reflections in this book.

As you read these words out loud, may the Spirit of God bring life to how you see these characters. May they remind you of loved ones in your own life. May this process bring you heart, hope and healing.

Thank you to Nigel for providing such beautiful, rich imagery, to Brian for bringing the translations to life with such integrity, and to Bríd for her careful and compassionate eye in threading these all together.

Introduction

Hello there and how is your heart?

In these ever-changing and strange times, hope has never been more important. In this book, we open up seven characters from the Easter story. Seven voices of hope. Seven voices to touch your heart. No doubt some will sway your heart more than others, but all of them have something to say.

In order to engage with the book fully, I invite you to go to a quiet place and take a moment to quieten your heart. For each section, gaze at the image and take note of what you observe. Then read the reflections aloud in Irish, in English or both, and see what your heart says back to you.

May the seven voices of hope bring compassion, reassurance and fortitude to whatever you face in your life right now. God be with your heart.

1.

Mary Magdalene

The dewy dawn refreshes me as I cradle my last jar of nard to my heart, like a sleeping child. I carefully pick my way along the downward slope, to a borrowed grave. How could it come to this? Weeks ago, I held another jar proudly. I cracked it open for all to see, to smell my anointing of Divinity. Even in half-light, I can still see their faces. Shocked! Incredulous! Outraged that a woman like me would deign to touch a man like him. They never got it. There was no man like him. He was, or is, the Son of Man I – I do not know – my head hurts so. But anoint him again I must, because that night which feels so long ago, he looked so lost, so afraid, so alone. He spurred on my boldness to crack the jar, to endure the whispers, the hidden innuendos. I care not one jot for them. Only for him, I would have been the lost one.

If I have to crack open that heavy stone, I'll do so too. I'll defy guards and soldiers too. I'll give him this, my last gift, and … my God, the stone! It is rolled away. The linens, his body, where … oh

God … I fall and cry and wail his name, rocking the jar of nard as I would his wretched, robbed body. No safety even in death. A lone gardener breaks me from my loss. I mumble a reply. My name. The familiar scent of him erupts in me. I turn. I see. Rabboni.

✥

Déanann bánsholas drúchtmhar na maidine maitheas dom. Cuireann sé suaimhneas ionam agus mé ansin ag fáisceadh le hiomlán mo chroí an cruiscín deireanach naird a bhfuil greim daingean docht agam air, mar a bheadh páiste lagbhríoch ann. Déanaim mo bhealach go curamach síos fánaí crochta a fhad leis an tuama iasachta. Cad a tharla anseo? Níl sé ach roinnt seachtainí ó shin, ó bhí greim agam ar chruiscín eile agus mé go bródúil. Scoilt mé oscailte an cruiscin céanna sin le go bhfeicfeadh an domhan mór é, agus go dtógfadh siad uaidh boladh cumhra ungadh na diagachta a bhí i mo lámha agam. Fiú le breacsholas, feicím go fóill a n-aghaidheanna. Bhí siad suaite go mór, iad díchreidmheach agus feargach go ndéanafadh bean cosúil liomsa lámh a leagan ar fhear cosúil leisean. Níor thuig siad é! Ní raibh a leithéid d'fhear ann, Mac an Duine a bhí agus atá ann go fíor é … níl a fhios agam! Buaileann arraingeacha mó chloigeann.

Ach, caithfear é a ungadh arís, mar, an oíche sin a mhothaíonn i bhfad uaim anois, bhí cuma caillte, eaglach air, é leis féin. Mhuscail sé an misneach ionam, an crúiscín ungtha a scoilteadh agus cur suas le cibé cogarnaigh agus na leathfhocail. Níorbh mhiste liomsa a bheag nó a mhór faic na fríde díofa sin, bá eisean amháin mo chúramsa. Ach go bé é, bhéinnse féin caillte. Má chaithim an chloch throm sin a bhogadh siar, déanfaidh mé sin go cinnte, agus béarfaidh mé neamhaird ar ghardaí agus ar shaighdiúirí fosta, agus bronnfaidh mé an méid seo ar seisean amháin, an bronntanas deiridh seo agus … mo Dhia, an chloch, tá sé caite ar leataobh, na línéadaí, a chorp … cá háit, Ó a Dhia. Titim go talamh, agus ritheann na deora ina sruthanna liom síos, agus ghol mé go hard a ainm. Déanaim an crúiscín naird a luascadh, agus a chorp dearóil á thógáil agam … gan a bheith sábháilte, agus é marbh. Chur garraíodóir aonarach ciall orm ó bhrat an bhróin a bhí anuas orm, tugaim monabhar de fhreagra air, m'ainm. Pléascann cumhrán aithnidiúla chugam, casaim thart agus feicim, 'Rabúnaí'.

2.

Peter

And there it is, the empty tomb. The women were right all along, and I was wrong again. The Beloved reached there first. Younger than me. Freer than me. More loved than me. And why not? He didn't run away; he didn't draw a sword, deny, disappear. He stood his ground. Now he stands in front of an empty tomb, his eyes fixed on the horizon towards Galilee. I peer into the darkness where the cold, hard stone, the rolled-up cloths lay. If only it were as simple to roll away my guilt and toss it into a deserted tomb. The guilt overwhelms me. I cry.

✦

Agus sin agaibh é, an tuama folamh. Bhí an ceart ag na mná i rith an ama, agus bhí mise contráilte, arís! An té a b'ionúin leis, bhí an bua aige agus é ag an tuama amach romhamsa. Eisean, ní ba óige ná mé, ní ba shaoire, eisean an té ab ansa leis, agus cad chuige nach mbeadh amhlaidh. Níor theith seisean, níor tharraing sé claíomh as a thruaill, níor shéan seisean, níor imigh sé as radharc. Sheas seisean an fód. É ina sheasamh

anois os comhair an tuama folaimh, a chuid súile dírithe ar bhun na spéire i dtreo na Gailíle. Is féachaim go grinn i dtreo an dorchadais, an chloch fhuar, chruaidh, na línéadaí cuachta suas i leataobh. Ciallaíonn na nithe sin domhsa, mo chiontacht féin a bhrú ar shiúil uaim agus é a chaitheamh isteadh i dtuama, tréigthe. Ní raibh togáil mo chinn agam le hualach na ciontachta a bhí ag teannadh isteach orm agus titeann na deora na sruthanna liom síos.

His hands knead my shoulders, awaiting my response. 'The good we do, we write in the sand. The mistakes we make we write in stone.' I know not from where these words stumble. He gently laughs and calls me by the old familiar nickname: Cephas. 'The mistakes we make, he washes away on sand. The good you will do, you will build on rock.' I will never understand this wide-eyed boy, his far-seeing gaze, his visions. He speaks a language I hardly know.

※

Tá gá ag a chuid lámha le mo chuid guaillí, ag fanacht go géar ar an méid a bhí le rá agam. 'An maitheas a dhéanaimid, scríobhaimid i ngaineamh é. Na botúin a dhéanaimid, gearrtar i gcarraig iad.' Ní eol dom údar an bhriathair seo. Déanann seisean gáire séimh agus glaonn orm leis an tsean-leasainm choitianta a tugadh orm, Céafas. 'Na botúin a dhéanaimid, cuireann sé ar shiúil sa ghaineamh iad. An maitheas atá ar do chumas agus a dhéanfaidh tú, tógfaidh tú ar charraig iad.' Ní thuigfidh mise go deo na ndeor an gasúr leathanshúileach, a dhearcadh fadradharcach, chuid aislingí, agus é ag labhairt i dteangacha aisteacha.

Is there … something … almost … The lull of a whisper on a salty breeze, for I will make you fishers of men and the ripple of hope returns.

※

Ansiúd … rud éigin … beagnach … Suantraí i gcogar ar aer na farraige. Déanfaidh mé iascairí ar dhaoine díbh agus filleann tonnán an dóchais.

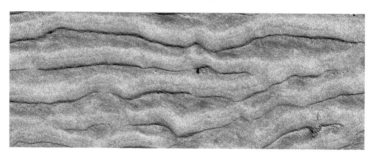

3.

John

I know he mistook where my gaze did look. Cephas caught, looking at the arid earth, the empty tomb. I looked to see any signs of where his saving footsteps went. My mind's eye passed over his holy mountain, where his body was transfigured first. And I suspect mine was also. His holy mountain where first I knew truly: he is the Lamb of God.

⁂

Tuigim go maith nár thuig seisean an áit ar leag mé mo shúil. Chonacthas Céafas ag leagan súil ar thírdhreach spalptha, an tuama folamh. D'amharc mise go bhfeicfinn comharthaí de cá, cá ndeachaigh lorg a choiscéimeanna naomhaithe. Shiúil súil mo shamhlaíochta thar a shliabh naofa, an áit sin ar a dtáinig claochlú air, agus mé den tuairim go raibh mo chorp féin claochlaithe chomh maith. A shliabh naofa, an áit ar rith sé liom ar dtús, gurb Uan Dé go fíor é.

I taste the salty medicine of Galilee and then I hear the sorrow of his tears, which rip me from my reverie. Cephas caught like the flower afraid to bud, beaten down by doubt, by mistakes. Some crosses are not made of wood, but hardened stone. I knead his shoulders and wait for the lies that spill out. 'I'm not good enough,' is the greatest calumny of all. And so, I shake and help him drop the stones that he would raise in self-punishments and weave my words around him, words that can only come from above.

✺

Blaisim íocshláinte na Gailíle goirt, agus ansin cluinim goirteamas na ndeor ina sruthanna díle anuas leis, a scoilteann mé ó shuan, is ó sheachrán mo chuid aislingeachta. Rugadh ar Céafas, amhail bachlóg ar eagla léi bláthú, buaillte síos ag an amhras, ag earráidí. Tá croise ann nach bhfuil déanta as adhmad, ach le cloch ghlas. Tá gá agam lena chuid guaillí agus d'fhán mé ar an línte a doirteadh amach. An bhréag is mó atá ann, 'Níl mé maith go leor.' Mar sin de, mhuscail mé agus thug mé lámh cúnta chun na clocha troma a ligean go talamh, na clocha a thógfadh seiseasn mar phionós ar féin, agus fím mo chuid briathra thart air, briathra a thiteann anuas ó uachtar neimhe chugam.

For I have seen Cephas transfigured to Peter. It matters not that my fate is to be alone, that he will not understand now or believe me. The Lamb will come again and questions of love will finally set him free.

✺

Chonaic mé Céafas, claochlaithe go Peadar. Ní miste é, mar an chinniúint atá romhamsa, sé sin a bheith i m'aonar. Nach dtuigimid anois, nó, creid uaim é, go dtiocfaidh an tUan an athuair, agus go scaoilfidh ceisteanna faoi ghrá agus gean ar shlí na saoirse é.

4.

Thomas

Oh God, how my brothers annoy me! Cowering in an upper room. Afraid. Ashamed to show their faces. Well, we had to eat. Alone, I tramped to the market place, my head uncloaked, as bold as a garden dandelion. My mother used to warn me, 'One day your stubbornness …' Well, that day is not today!

I move fast and free through the market place and return with bread and meats and wines to my poor beleaguered brothers. And then, then they had the audacity to say, 'He appeared to us!' To us! To them! And leave aside the ridiculous ruse of resurrection, he would appear to those cowards and choose a time when I was not there. It makes no sense, this nonsense. I know I went too far, talk of wounds and hands and sides – but they wounded me! None of them thought that this fiction would leave me feeling left behind. Hurt. I ponder on their perditions still, mad men seeking the solace of lies in half-lit upper rooms. Then, then the light comes in. I see him. I hear him. And his words are hard to hear. It is strange. The rest all concentrated on the past. Put my hands here; doubt no longer,

believe. I hear the whisper: doubting Thomas. I heard 'blessed are those who believe and have not yet seen'. He sees, I understand, and with a nod he smiles. My heart, it opens up, the dandelion flower becoming the seed tower. Put my hands here. Well, Lord, put my feet to good use, my loud voice and my stubborn, fearless wandering heart. In my mind's eye I see the faithful yet to be, in far distant lands. My brothers, yes, some are meant to stay, to preach, to write. Few of us are meant for the long road.

It is the long road I will take. And where I land, who knows? I will be a dandelion seed in God's westerly wind tonight.

☙❧

A Dhia, is crá croí ceart iad mo chuid deartháireacha! Iad uilig brúite isteach go dlúth i gceann a chéile sa seomra uachtarach. Náire an domhain ag brú ar a gcroíthe, chomh maith le heagla a gcraiceann ortha a n-aghaidheanna a thaispeáint. Bhal, bhí greim le n-ithe againn. I m'aonar, threabh mé liom go dtí faiche an mhargaidh. Mo cheann nochtaithe le solas an lae agam, agus mé chomh misniúil le caisearbhán an ghairdín. Bhí sé le solas ag mo mháthair dhil foláireamh a thabhairt dom, 'Lá de na laethanta seo, do cheanndánachta …' Bhal, ní inniu an lá sin!

Téana orm go gásta, gan aon deacracht tríd an áit aisteach seo agus fillfidh mé ar ais arís chuig mo chuid deartháireacha bochta … le harán, agus togha feolta agus fíonta. Agus ansin, díreach ar bhuille an bhomaite céanna, bhí sé de dhánacht iontu a rá liom, thaispeáin sé é féin dúinn! Dúinne! Díofasan! Agus fág ar leataobh cleas amaideach na haiséirí, thaispeánfadh sé é féin do na cladhairí sin, ar am nach mbeinnse féin sa chuideachta. Ag spaisteoireacht liom ar nós na gaoithe tríd áit an mhargaidh. Níl ciall ar bith leis an tseafóid seo. Tá a fhios agam go ndeachaigh mé thar na bearta, ag caint faoi chneá agus lámha agus taobhanna. Ach ghortaigh siad mé! Cár shíl oiread agus duine amháin acu go bhfágfadh an finscéal seo léan domhain ionam, le mothú láidir tugtha tnáite agus mé a bheith fágtha fuar fann folamh liom féin. Gortaithe. Go fóill bím ag machnamh go domhain i mo chroí istigh ar a ndeighiltí, gealt d'fhir ar thóir an tsóláis i mbréaga, i seomraí atá ag lonrú go fann. Ansin, sleamhnaíonn an solas isteach, feicim Eisean, cluinim Eisean, agus tá a chuid briathra beannaithe do mo bhodhradh. Is ait an rud é. Tá an chuid eile acu ag díriú a náird go huile is go hiomlán siar ar na cianta cairbreacha ó shin. Sín amach do mhéar, féach! Seo duit mo lámha; ná bí míchreidmheach, ach creidmheach. Cloisim an cogarnach, Tomás an amhrais.

Chuala mé ráite é, 'is beannaithe iad sin nach bhfaca agus a chreid'. Feiceann seisean, tuigeann mise, agus le claonadh cinn déanann sé miongháire. Mo chroí, musclaíonn sé an caisearbhán ó shuan, ag bláthú mar a bheadh síl túr ann. Cuir do chuid lámha anseo. Bhal a Thiarna, bain úsáid as mo chuid cósa fósta chun maitheasa, mo ghuth ard agus mo chroí tréan, diongbháilte, siúlta chomh maith.

I súil na samhlaíochta feicim na glúnta i dtíortha i bhfad i gcéin, iadsan atá le teacht chun creidimh go fóill. Mo chuid deartháireacha, Sea, é sa chinniúint ag chuid acu dul chun seanmóireachta, chun scríobh. Tá an bóthar buan sínte amach os comhair roinnt againn. Glacaim féin an ród fada atá ina luí amach romhamsa. Agus cá bhfuil mó thriall, ca bhfios? Is síol caisearbháin mé, i ngaoth Dé, an ghaoth aniar, anocht.

5.

Simon of Cyrene

By evening light, I sit by Cyrene's shore. I remember the shouting soldiers, clamouring crowds, the noise, the heat, the stench. Blood on sand, on stone. Two thieves had walked on ahead. The Nazarene walked alone, and then he fell. Fell hard, fell fast, sound of whips on flesh. Punches and curses. 'Get up,' they roared. I'm not sure he could hear anymore. The crowd, now chastened, averting their eyes, for few can gaze, unflinching, into the face of pain. His eyes caught mine. So, when soldiers, noticing my foreign skin, pulled me in, I resisted not. In his face I recognised fellow otherness, a stranger to this cruel road. I know not his crime, but easily pick up the log he carried, and shoulder his arm under mine.

My shoulders are broad and strong, unbroken, though mapped with many scars. Years of sheltering my mother from tyrants' punches, the kicks, the relentless blows. I learned to square my shoulders and carry heavy things, with a face set like stone, so as not to betray. There is a heart there, which will take winters to heal.

I recognise my tyrant on the soldiers' faces, something about a darting eye and a downturned mouth. Then he looks with tenderness, 'I am sorry you have been carrying this so long. All I can do is walk with you. Be healed at heart, stay strong.' Lightness rippled through my body. It mattered not the weight, nor the path, nor the ending place.

The day I lifted that man's burden was the day I became free. Now the memory, unabated, still frees me on the shores of Cyrene.

※

Faoi sholas an tráthnóna, sínim mé féin siar cois cladaigh na Círéine. Is cuimhin liom go maith na saighdiúirí a bhí ag scairteach, lúbthacht na scamall, an trup agus an tormán, an teas, an boladh bréan, a chuid feola stróicthe. Fuil ar ghaineamh, ar chloch. Shiúil beirt ghadaí leo chun tosaigh. Shiúil an Nazairéanach ina aonar, agus ansin thit sé go talamh. Bá chrua agus ba ghasta an titim é, fuaim na fuipeanna ar fheoil. Dorn agus mallachtaí, iad ag búireach is ag béicíl in ard a gcinn is a ngutha, 'Éirigh.' Níl mé róchinnte an raibh éisteacht na gcluas aige go fóill nó nach raibh. An scaifte, ciall cheannaithe acu anois, ag casadh súl ar shiúil nó, níl mórán daoine a dtig leo amharc go díreach ar ghráin na fulaingthe gan géilleadh. Is é mo thuiscint air sin nó gur, iad sin atá iontach cruálach ar fad, nó a mhalairt, iad sin atá ag cur thar maoil le cineáltas, a dtig leo a leithéid a dhéanamh. Tháinig ár gcuid súile le chéile. Bhí mé gafa. Ar an ábhar sin, nuair a thug na saighdiúirí faoi deara mo chraiceann choimhthíoch, tharraing siad isteach mé, lig mé leo gan diúltú.

Ina ghnúis, d'aithin mé comhlacht, strainséir ar bhealach casta seo na hosna, na deora agus an bhróin. Níl cur amach ar bith agam ar a choir, ach mar sin féin tógaim suas go héasca an t-ualach trom atá á iompar aige agus téanaim isteach ar an ualach céanna sin a iompar agus muid gualainn ar ghualainn. Tá mo ghuaillí leathan agus láidir, gan bhriseadh, cé go bhfuil lorg na mblianta le feiceáil orthu. Blianta ag cosaint mo mháthair ar bhuillí troma an tíoránaigh, na ciceanna, na buillí a bhí go tuibh téirimeach gan staonadh. D'fhoghlaim mé mo chuid ghuaillí a leathanú amach agus uallaí troma a iompar, gan dreach gnúise a athrú, ach é socar mar a bheadh cloch ann, ionas nach bhfeallfainn. Tá croí ansin, agus tógfaidh sé seal maith ama, geimhrí fiú le leigheas. Aithním na tíoránaigh ar aghaidheanna na saighdiúirí, tá rud éigin faoi shúil luaineach agus faoi bhéal meathlaithe. Ansin féachann sé le cineáltas, 'Tá mé buartha go bhfuil tú ag iompar chomh fada seo. Níl le déanamh agamsa ach siúl leat. Bíodh do chroí leigheasta, agus na caill misneach.' Sleamhniagh bior na héadromántachta fríd mo chorp.

Bá chuma anois, an meáchan a bhí ar iompar, ná an cosán fúm, nó fiú ceann scríbe. Ba é an lá a d'iompar mise ualach an fhir sin, bá shin an lá a scaoileadh saor mé. Anois féin, 'sé cuimhne gan stad gan staonadh a shaorann go fóill mé, anseo ar chladaigh na Círéine.

6.

Soldier

I am an old man now. I live with my son's sons in a land far from that godforsaken land. Nightly, I write my tales of old, so my son's sons will know that I once stood as part of the Praetorian Guard, Pontius Pilate's personal guards.

A solitary centurion on Golgotha hill. Oh, an aptly named place, all sand and skulls. In the shadow of three crosses I stood, avoiding his mother's gaze. She, her women and the boy stood directly in front of me and never wavered. I admired her courage, but averted my eyes. It is all part of the training, you see: best not to get involved; not my job to judge; just carry out the orders of the just. Or, truth be told, the unjust. Yet something about this one lingers in the back of my mind; his courage, his acceptance, his purity. And when the lightening struck and the sky darkened, the veil of the temple fell and these words flew from my lips, 'Truly he is the Son of God.' Startled, the other soldiers stared at me. Again, I averted my gaze; it is not wise to stand out from the crowd. But I knew somewhere

deep down that I spoke only the truth. This was my last post. The ache for family spurred these soldier's sandals home.

I am an old man now. I live with my son's sons, yet at night I still dream that one day I will see the face of the Son of God again.

※

Tá mé siar go maith i mblainta anois agus mé i m'chonaí le slíocht mo shleachta, i dtír i gcéin, i bhfad ón áit dhéanach sin a rinne Dia. Le titim gach oíche breacaim síos ar phár sleachta na sean-scéalta, le go mbeadh a fhios ag sliocht mó shleachta, go raibh mé mar bhall den Gharda Praetóireach lá dá raibh, plúr cosanta Phíoláit.

Ceantúir aonarach ar chnoc Golgatá. Ó, nach foirsteanach mar ainm a tugadh air, áit na cloigne agus an ghainimh. Faoi scáth na dtrí cros sheas mé, sheachain mé amharc a mháthar. Sheas sí féin, a cuid banchara agus an buachaill ansin díreach os mo chomhair agus níor theip an misneach orthu riamh. Bhí ard mheas agam ar a misneach, ach mar sin féin, chas mé siar mo chuid súile. Uathu, a bhfeiceann tú, is cuid den oiliúint é sin. Is fearr gan baint a bheith agat leis ar chor ar bith. Ní hé mo phost é, breithiúnas a thabhairt, ach orduithe na ndaoine córa a chomhlíonadh, nó leis an fhírinne a rá, na daoine éagóracha. Ach, tá rud éigin faoin cheann seo beo i dtólamh, suite go domhain i ndún daingean m'intinne, a mhisneach, a aontú, a ghlaineacht, agus nuair a bhuail soilseach agus thit dorachadas na spéire go tuarúil thart orainn, réabadh brat an teampaill ina dhó ó bharr go bun, agus léim na briathra seo ó mo chuid liobracha; 'Go dearfa, bá é seo Mac Dé.' Cuireadh an t-anam trasna ar na saighdiúirí eile agus bhí a cuid súile sáite ionam ag stánadh orm; ach arís, chas mé mo shúile ar shiúl, ní rud ciallmhar ar bith é a bheith ar an té a sheasann amach ón tslua, ach mar sin féin, bhí a fhios agam, áit éigin, i ndoimhneacht m'anama, nár labhair mé ach lom nocht na fírinne. Ba é seo mo phost deireanach, bhí an tochas clainne a bhí ionam, ag gríosadh cuaráin an tsaighdiúra seo abhaile.

Tá craiceann na haoise orm anois, agus mé ag cur fúm le mic mo mhic, ach, san oíche tig na haislingí chugam go fóill, go bhfeicfidh mé lá éigin gnúis Mhac Dé, arís.

7.

Veronica

The other women's eyes follow me. Winding through Jerusalem's alleyways, a widow wearing red. 'The sight of her!' The scandal. Their hypocrisy amuses me. Where were they when I endured my husband's cruelty? The eyes that were averted then are alert now. When he died, I was born again. I promised myself, 'I shall wear red.' No blacks or greys to melt away from me. I want them to see me. And then I saw him, falling like a flower felled in the wind. Will nobody step out from the crowd? Will no one even wipe his brow? I silently cursed and reached to him in a blessing. With my whitest linen, I wiped his brow. His battered cheeks, his tender jaw. 'There you are. There you are,' I crooned to him, like he was a child. And then he gazed into me – I mean *into* me – and smiled and my heart softened and became protective. I caressed and cradled this poor broken lamb a while. This cradling moved me from bitterness to compassion. The soldiers tore him from my grasp and gingerly I arose from my knees.

Carefully, I folded the linen and put it away, as if I wanted to hold onto a sacred piece of him. I hold him in my arms tonight, imprinted on its folds, imprinted on my heart. His wounded visage gently gazes back at me. The faintest smile. I trace it with my lightest touch. I sit beside my open window and gaze into the night. I have long since cast away my red cloak. Now I wear only white, like a child reborn. The women's eyes still follow me. But now I bless them with kindly care. For at night they stop here with their own stories to share. We share something deep, we sisters with our wounds, our wants, our cares. Held together in his holy face, under the light of the Son of Man's new moon.

✠

Leanann súile na mban eile mé. Ag casadh trí chamshráideanna Iarúsailéim, an bhaintreach agus dearg á caitheamh aici. 'An chuma atá uirthi!' An scannal. Cuireann a mbréagchráifeacht iontas orm. An raibh siad ansin nuair a bhí mé ag fulaingt cruálacht ag lámha m'fhear céile. Súile iompaithe ar shiúl siar ansin, ach iad dírithe aniar ar fholáireamh anois. Nuair a d'éag sé, saolaíodh mise saor arís, agus gheall mé dom féin 'Caithfidh mé dearg'. Gan dubh nó liath le leá ar shiúl uaimse. Tá mé ag iarraidh go bhfeicfidís mé. Agus ansin chonaic mise Eisean. Ag titim go talamh mar a bheadh bláth seargtha sa ghaoth ann. Nach dtabharfaidh aon duine coiscéim chun tosaigh ón scaifte. Nach ndéanfaidh aon duine a chlár eadán a chuimilt fiú. Faoi shuaimhneas, rinne mé mallacht, ach shín mé amach chuige le beannacht. Shín mé an líneadach is gile dá raibh agam lena aghaidh bheannaithe a chuimilt leis.

A aghaidh buailte, báite le fuil agus le h-allas, a phróca leochaileach. Sin thú. Sin thú, an crónán a bhí ionam, amhail is gur leanbh a bhí ann. Agus ansin leag sé súil orm agus isteach ionam – tá mé ag rá, isteach ionam – agus rinne sé aoibh gáire liom agus bog an croí ionam, i bhfoirm seasamh cosanta. Le barróg mhuirneach agus croí isteach, rinne mé an t-uan bocht briste seo, a mhuirniú agus a luascadh ar feadh seal. Tharraing an tsúdaireacht seo aniar mé, ó shearbhas go cineáltas, trua agus taise. Stróic na saighdiúirí ar shiúl uaim é, ón ghreim ghrámhar a bhí agam air agus go cáiréiseach léim mé ó mo ghlúine. Go curamach, rinne mé an líneadach a fhilleadh isteach ina chéile, amhail is dá mba rud é go raibh mé ag iarraidh greim a choinneáil ar phíosa diaga dósan. Coinním greim grámhar air i mo chuid lámha anocht, greanta sna cluipídí, greanta i mo chroí. A ghnúis chneadhmhar le hanchuma uirthi, ag amharc go caoin, ró-ghrámhar i mo threo. An aoibh gháire is lú. Leagaim lámh air agus rianaím é leis an teagmháil is éadroime. Suím in aice le m'fhuinneog oscailte agus dearcaim go dian ar dhoimhneacht na hoíche thart orm. Is fada uaim an dearg anois, ach an ghileacht amháin thart orm mar a bheadh leanbh nuashaolaithe ann. Leanann súile na mban go fóill mé. Ach anois, déanaim iad a bheannú le stánadh cineálta, óir i ndorachadas na hoíche stadann siad anseo agus a stór féin ar iompar acu le roinnt. Roinnimid rud domhain, deirfiúracha muid lenár gcréachtaí, ár mianta, lenár gcúraimí, iad uilig coinnithe le chéile ina aghaidh naofa, faoi sholas na gealaí úire, gealach Mhac an Duine.